逃げる勇気

和田秀樹

自由国民社

まえがき

長年、精神科の医者をやってきて、常日頃、痛感するのは、日本人はなぜ逃げなければいけないところで逃げないのかということです。

私自身は、精神科の臨床場面で、今の環境がつらいという場合に、まず「逃げないと潰れちゃうよ」ということを伝え、どうやって逃げるかを一緒に考えるようにしています。

ふだんは高齢者の精神科診療をやっているので、患者さんは職場とか、子育てを離れていることが多いのですが、夫の世話とか、親の介護、配偶者の介護などでボロボロになっている人が時々、私の診療を受けにきます。

そういう時に、「妻が退職後の夫の世話をしなくてはいけないわけでないし、それで参っているのなら別居をするなり、少なくとも昼間は家にいないようにすることで、多少はそこから逃げないとあなたがもたないよ」という風に伝えます。介護も、家で看るのが限界なら施設に入ってもらうのは何も悪いことではないことも伝えます。

ところが、そういうことがずるいこと、いけないことのように思っている人が多いのです。

多くの人は、生きている過程の中で、自分なりのルール作りをし、価値観や道徳観を身につけていきます。

確かに、それを守るほうが、まじめな人間と思われるし、しっかりしているとか、敬意を集めることもあるでしょう。

でも、本当のことを言えば、結果が悪ければ元も子もありません。

介護の世界では「共倒れ」ということが昔から言われています。

親なり配偶者の介護をがんばりすぎて、介護する側がうつになったり、身体を壊したり、最悪自殺するなどして、結果的に介護される側もまともな介護が受けられない状態になってしまうというようなことです。

上手に介護から逃げて、少しでも楽ができれば、介護する側だけでなく介護される側もひどい目にあわなくて済むということが現実に珍しくないのです。


「これはもう無理だ」、いや「無理だ」と思う前に、上手に逃げてほしいのです。

いじめ自殺が報じられるたびに感じるのも、なぜ逃げられなかったのかということです。

いじめた側を断罪するのは簡単です。逆にいじめを全部なくすなどということは不可能に近いことです。

でも、いじめられたら、保健室登校をしたり、スクールカウンセラーに頼るなどという方法もありますが、いちばん簡単に楽になれて、敷居が低いのは、学校を休んだり、転校したりすることです。

そして、それを教師なりがなぜ教えないのかが、疑問でなりません。

本書は、『嫌われる勇気』で有名になったアドラーの理論をもとに、人々に逃げる勇気を持ってもらうために書いた本です。

これで少しでも楽になってもらえたり、逃げることへの「勇気づけ」になったら、著者として幸甚この上ありません。

和田 秀樹

目次

まえがき　2

序章

危険からは、いますぐ逃げなさい　14

生きていれば、勝ち　22

第一章 「逃げる」とはどういうことか

がんばっていることに気づかない理由 28
逃げることはポジティブな戦略 31
そもそも「逃げる」とは？ 36
適応障害になっていないか 39
自責思考を社会に利用されている 43
ストレス因子から逃げると半年で改善 48
逃げるとは、生き延びること 52

第二章 なぜ、逃げられないのか

弱音は吐いていい。吐き出すべきもの 60
弱音を吐けない４つの不安 63
逃げるデメリットをなくす方法 67
ストレスが加わったときに共通する反応 69
数か月で進行する自殺のプロセス 73
自助努力の社会が合わない人もいる 77
日常にあふれる「勇気をくじく行為」 80
勇気の５つの基本理論 84

逃げるのを阻止する5つの要因　88
column　いまのあなたのストレスは何点?　93

第三章　逃げる技術

逃げるためのインフラは整ってきている　98
夏目漱石はどのように神経症を克服したか　101
上手に逃げるための武器は「自分軸」　105
その場から離れずに逃げる方法①　書く　109

その場から離れずに逃げる方法②　認知療法　115
その場から離れずに逃げる方法③　課題の分離　118
その場から離れずに逃げる方法④　完璧主義を手放す　121
その場から離れずに逃げる方法⑤　戦わない　127
その場から離れずに逃げる方法⑥　味方2割に注目する　129
その場から離れずに逃げる方法⑦　染まったふりをする　131
距離を置いて逃げる方法①　考えない　133
距離を置いて逃げる方法②　とにかく逃げるなら休職　137
距離を置いて逃げる方法③　労災保険の申請をする　141

第四章 逃げたいのに逃げられない人をサポートする方法

15人にひとりが一度はかかるうつ病 144
うつ病のサインを見逃さない 147
周りの人ができること 151
知識で武装するのも逃げる手段のひとつ 156

終章 161

あとがき 167

序章

危険からは、いますぐ逃げなさい

あなたはいま、メンタル的につらい状況ですか？
体がだるいのですね。
夜、よく眠れない？
朝、起きられないのですね。
であるならば、あなたがいますぐやるべきことがあります。

その場から、逃げなさい。

これが本書で私が伝えたい、たったひとつのメッセージです。

いくらがんばっても、物事は解決するとは限りません。歳をとるほどそうです。
だから、解決しようとしなくてもいいのです。

そのがんばりを、今日も明日もあさっても、続けられますか？
終わりのないトンネルを歩いているように感じるのではないでしょうか。

上手に生きていくにはペース配分が必要です。
マラソンも、常に全力で走っていては、途中でバテてしまってゴールはできません。
人生も同じです。

この本を手に取られた方は、
「もう無理かも」

「逃げたい」

「投げだしたい」

と思っているのではないでしょうか。

何から逃げたいですか？

親、会社、上司、友人、夫、介護、病気、いま取りかかっているプロジェクト。

すでに自分は限界に近づいていることを、体と心は無意識レベルで感じているのではないでしょうか。

意識下にある逃げだしたい欲求を、もうひとりのあなたが「逃げてはいけない」と押さえこんでいます。

多くの人は、船が沈みかけていても、気づかずに（あるいは気づかないふりをして）「まだ大丈夫」ととらえがちです。

でも、**あなたはもう大丈夫ではありません。**

危険を察知する能力がない人はいません。
鈍感なふりや平気なふりをしているか、変化を恐れているのかもしれません。
人はそもそも変化を嫌うものです。
やはり逃げたあとのことが心配なのかもしれません。

「まだ大丈夫」と弱音を吐かずにがんばる人を、社会では「えらいね」とほめ、我慢強い人、がんばり屋さん、忍耐力がある、グリット（grit＝やり抜く力）が高い、といったように高く評価するのが一般的です。
人は、認められたい承認欲求があるので、ほめられるためにさらに無理してがんばってしまいます。

でも、注意が必要です。
あなたをほめる人は、あなたが期待を裏切ることをすると、敵になります。
期待があなたへの怒りになり、あなたを責めることになります。
逃げるのは、とても勇気のいる行為ですね。

しかし、私は精神科医としてみなさんにお伝えします。

つらいなら、我慢せず、躊躇《ちゅうちょ》せず、いますぐ逃げてください。

現状を維持することや行動に移さないことが、ときには命取りになることだってあります。

ガス探知機がまだなかった時代、炭鉱ではカナリアは欠かせない存在でした。

カナリアはニオイに敏感で、人間の体に害のないわずかな量の有毒ガスにも敏感に反応します。

鳴かなくなったり、気絶したり、あるいは命を落とすことさえあります。

カナリアの危険察知能力によって、炭鉱で働く多くの人々の命が救われました。

カナリアが身をもって、「逃げろ」と警鐘を鳴らします。

「まだ大丈夫」と行動を起こすのをためらっていると、坑道では命取りです。

私は精神科医として、つねづね疑問に感じていることがあります。

それは、

「どうして日本では、逃げることを教えないのだろうか」

ということです。

これは戦前戦中の軍国主義が大きく影響しているのだとも考えられます。

他国においては、退却は無駄な勝負を避けることであり、「勇気ある偉大な選択」とする場合もあります。

逃げる重要性について、大人がちゃんと教えていたなら、昨今の痛ましい悲劇はなくなるのではないだろうか。

いじめ自殺の多くも逃げることを教えていたら、防げた可能性が大きかったと思います。

学校では、「がんばらない」ことを教えてくれません。

子どもたちの大好きな戦隊ヒーローは、敵をやっつけるために「いつも」戦っています。

「いつも」を口癖にすると、「いつも俺は失敗する」「いつも私は戦わなければならない」「いつも負ける自分は弱くダメな人間だ」という「決めつけ」を行い、凝り固まった考えに支配されます。

そして、自己イメージはどんどん「いつも私はダメだ」と強化されていきます。

大人たち自身も「逃げる技術《テクニック》」を教わってきませんでしたから、子どもたちに教えられないのは当然です。

でも、だからといって、自分の身を守る「逃げる技術」を身につけなくてもいいことにはなりません。

人間というのは、自分が思っている以上に弱い生き物です。

「私は大丈夫」「私は平気」といって限界に気づかず、無理してがんばっているうちに、ある日突然、メンタルを病み、「死にたい」「生きることに疲れた」「消えたい」という思いが湧いてくるのです。

生きていれば、勝ち

宝塚歌劇団の25歳の女性団員の急死や、甲南医療センターの26歳の専攻医の過労自殺、広告大手・電通の24歳の新入社員の過労自殺など、悲しい出来事をこれ以上増やしては絶対にいけません。

電通の新入社員の就職活動のエントリーシートの自己PRの欄には、「逆境に対するストレスに強い」と書かれていました。

彼女のお母さんの手記には、「あのとき私が会社を辞めるようにもっと強く言えば良かった。母親なのにどうして娘を助けられなかったのか。後悔しかありません」とあります。

しかし、本人は「私は大丈夫」と信じている（信じたい）ので、周りにどんなに強く言われても、その言葉が届いたかどうかはいまとなってはわかりません。

このケースでは本人もＳＮＳで悩みを書いていましたが、多くの場合、本人はどうして大丈夫だと思ってしまうのでしょうか。

そして、折れそうな人を、周りはどうサポートしたらいいのか。

そのことについても本書でふれていきます。

日本では、ＤＶ法やパワハラ防止法といった法整備が進み、介護の負担を減らすための社会的なセーフティネットが少しずつ整ってきました。

しかし、自ら声を上げなければ、だれも「いますぐ逃げなさい」と背中を押してはくれません。

自分の身を守れるのは、自分だけです。

親も会社も国も、私のような医者でさえ、あなたを守ることはできません。

がんばらなくていい。

自分がなぜ逃げられないのかを知る。

逃げる勇気を持つ。

逃げる技術を身につける。

本書ではこれらのことを、精神科医の立場からお伝えしていきたいと思います。

第一章では、逃げるとはどういうことなのかをお伝えします。

第二章では、なぜいますぐ逃げなければいけないのか、その原因を明らかにします。

第三章では、多くの人がこれまでだれも教えてくれなかった逃げる技術をお伝えします。

そして、最後の章では、逃げたいのに逃げられない人を周りの人がどのようにサポートしたらいいのかについてまとめました。

生きていれば、勝ちです。少なくとも次の勝負ができます。
逃げることで、多くのことから自分の身を守ることができます。

逃げれば、ラクになります。
「楽《ラク》しちゃいけない」「がんばらなければいけない」という決めつけから自由になってください。

楽していいのです。楽な人生は、楽しいものです。
つらい場所から逃げて、自分らしく生きる道を選択し、自分の人生を思い切り楽しんでください。

本書によって「逃げる」という選択肢があることに気づき、みなさんが「逃げられない」という決めつけから自由になることを心から望みます。

第一章

「逃げる」とはどういうことか

がんばっていることに気づかない理由

これまでがんばって生きてきた人は、自分ががんばっていることになかなか気づくことができません。

心のクリニックを訪れる患者さんには、医師は主に次のような言葉をお伝えします。

「がんばらなくても大丈夫ですよ」

「すでに十分にがんばりすぎて、心と体が疲れています。がんばることを手放してみませんか」

「がんばらないことを、がんばることも大切です」

「最後までやり通すことはありません。つらいなら、いますぐに投げだしていいのです。がんばらないでください」

「つらい場所から、いますぐに逃げだしてください。逃げるために必要なものはひとつです。それはちょっとした勇気です」

「がんばらないと決断するのも勇気です。ときにはがんばらない勇気も必要です」

「命より大切なものはこの世にありません。生きていれば、それだけで勝ちです。自分を守れるのはだれでもない、あなたしかいないのです」

私自身もこんなふうにお伝えしています。

私ができることは「逃げるきっかけ」を作ることです。「逃げる」という選択肢を加えてもらうのです。

患者さんは「逃げる」という選択肢に気づくと、

「えっ、がんばらなくてもいいんですか？」

「本当に逃げてもいいんですか？」

と驚きます。

なぜ驚くかというと、いままで逃げるという選択肢が一切なかったからです。


もう限界にきているのに、まだまだ走れると思っています。

実は、すでにあなたのエンジンオイルは空っぽで、このまま走り続けたらエンジンが焼き付いてしまいます。

逃げることはポジティブな戦略

ほとんどの方は、「逃げる」という言葉自体にネガティブな印象しか持っていません。

逃げる人は、「落伍者」「負け犬」「弱虫」「根性なし」「卑怯者」「ずるい」「わがまま」「甘ったれ」「自分勝手」「努力が足りない」「我慢が足りない」「責任逃れ」……などと批判されます。

「もっと厳しい環境でも努力してがんばっている人がいるのに――」と言われることもあります。

いまの時代は、メンタルヘルス（心の健康）に何らかの問題を抱えている人や、打たれ弱く自己肯定感が低い落ちこみやすい人を「メンヘラ」「豆腐メンタル」と言ったりします。

自分でこれらの言葉を使うときは自虐的ですし、他者についても軽いノリで言う表現です。

でも、気がつくと、軽いノリでは済まされなくなることも少なくありません。

私がお伝えしたい「逃げること」の本来の意味は、次にあげた言葉に置き換えられます。

逃げるとは――
自分の適した環境（自分らしくいられる環境）に移動すること
逃げるとは――
自分の気持ちを整理する時間を持つこと
逃げるとは――
自分の身を相手から防御すること
逃げるとは――
相手に近づかないこと
逃げるとは――
命を守るために、相手と距離を置くこと
逃げるとは――
戦略を練り直すための勇気ある撤退をすること

つまり、**いまの環境や状況があなたにフィットしていないだけ**なのです。

相手はあなたを攻撃してくるかもしれませんが、そんなときこそ戦わずに逃げることです。

生物はみなそれぞれ適した生息地があります。水のないところで魚は生きられません。魚を陸に上げたら、すぐに息絶えてしまいます。

人間も同じです。適した環境で生きていくことが重要です。

本来その人をひとりの個体として考えるならば、それぞれ人によって生息しやすい環境は異なるはずです。ところが、人間は環境が自分にとってそんなにフィットしていなくても、我慢してそれなりにやっていけてしまうからやっかいなのです。

もしも「この環境はどうも合わない」と感じたら、その場で合う環境に移動することが重要です。

そうでなければ、魚のように息絶えてしまうのですから。

もしも、「生きづらさ」を感じているなら、命を守るためにいますぐ生きやすい環境に移動することです。

逃げることは環境を変えることであって、とても勇気がいりますが、とてもポジティブな選択です。


「つらい場所から、勇気を出していますぐに逃げだしてください」

「がんばらないのも勇気です。ときにはがんばらない勇気も必要です」


これまで「逃げなさい」と背中を押してもらったことはありますか？

もしも、だれも押してくれなかったならば、私が押します。


逃げることは、とてもポジティブな選択なのです。

そもそも「逃げる」とは？

逃げるとは、危険回避です。

自由のきかない所や危険な場所から抜け出して、回避することです。

面倒なこと・嫌なこと・つらいこと・危ないことから、積極的に・意識的に遠ざかることです。

自分を安心安全な場所に退避させ、危険に直面するのを避けるとても正しい行為です。

生きていくうえで、とても大切なことだと思いませんか？

ボーイスカウトや登山家、労働災害が発生する危険な作業者であれば、命を守るうえで、いかに素早く危険を察知して危険を回避するかが何より重要であることを教わります。

経済的損失よりも命が優先です。命よりも大切なものはこの世にありません。

「ハインリッヒの法則」というものがあります。

労働災害の発生比率によると、1件の重大事故の裏には、すでに29件の軽傷事故があり、300件の無傷事故（ヒヤリハット）があると分析されました。

これまであなたは、どれだけのヒヤリハットがあったでしょうか。

小さなヒヤリハットが、いずれ取りかえしのつかない重大事故につながることを示唆しています。

危険を前にすると、不安や恐怖を感じて、環境に適応するために私たちの体にさまざまな反応が起こります。

自律神経の交感神経が優位になって、血圧が上昇し、発汗、口渇《こうかつ》、動悸《どうき》、息苦しさ、肩こり、だるさなどがあらわれます。これらはすべて、自己防衛のために起こる正常なストレス反応です。

精神的に強いストレスを感じたとき、私たち人間はそれがこのような身体症状としてあらわれます。

うつ病の初期症状にある人は、「不安だ」「憂うつだ」といったメンタルの訴えよりも、「疲れた」「だるい」「眠れない」「食欲がない」といった身体的な不定愁訴を訴えることが多いのです。

適応障害になっていないか

体がだるくて、学校または職場に行きたくない。

なかなか眠れず、朝起きられない。

……といったように、社会生活に支障が生じた状態を「適応障害」、またはストレス性障害といいます。

あなたに、すでに次のような症状が起こっていないか、チェックしてみてください。

これらの項目で、当てはまることが多ければ、いまの環境に適応していない可能性があります。

身体的不調

□	眠れない
□	過眠（眠くてたまらない）
□	痛み（頭痛、肩こり、胃痛、腹痛など）※1
□	動悸
□	めまい
□	食欲低下
□	過食
□	過食嘔吐
□	ストレス性胃炎
□	だるい（倦怠感）

精神的不調

□	意欲や集中力の低下
□	注意力散漫
□	不安感
□	気分の落ちこみ
□	いつも緊張している
□	焦る
□	絶望感
□	イライラ感
□	神経過敏
□	抑うつ気分
□	涙もろい
□	興味・喜びの喪失
□	マイナス思考　※2
□	自責思考　※3

日常生活・社会生活にあらわれる症状

□	遅刻、欠勤、早退
□	不登校
□	仕事に行けない
□	過剰な飲酒、ギャンブル
□	夫婦不和
□	散財する
□	人に会いたくない

自責思考を社会に利用されている

適応障害のチェック項目について、少し説明します。

※1の「**痛み**」ですが、痛みは我慢するとますます痛みを強く感じてしまいます。痛みを放置しておくと、慢性痛になり、過敏状態になり、難治性へと発展します。治療しても治らない痛みを作り上げてしまうのです。

痛みが記憶として残ると、痛みの原因を取り除いたにも関わらず、なおも痛みを感じてしまいます。痛みは我慢してはいけません。

※2の「**マイナス思考**」というのは、「どうせ失敗する」「私はダメだ」と、悪

いほう悪いほうへと考えが向かうことです。完璧主義の人によく見られる傾向です。

だからといって認知療法では、マイナスをプラスに無理に変えようとはしません。マイナスはそのまま置いておいて、別の可能性も一緒に考えるようにします。

※3の「**自責思考**」というのは、何か問題が起こったときに、他者ではなく自分に非があるとしてしまう考え方です。

自責思考がある人は、真面目で几帳面、完璧主義、ネガティブ思考、自己肯定感が低い反面、ミスを反省して改善努力する人とされています。プロジェクトへの当事者意識が高く、指摘されたことを素直に受け入れる柔軟さと成長意欲が高いとされています。

やっかいなのは、**ビジネスの世界では自責思考のほうが高く評価される傾向がある**ことです。

はたして本当に、自責思考は望ましいものなのでしょうか。

自責思考が強いと、ミスをすると「同じミスを繰り返さないように慎重になる」「やり方を工夫してみる」とがんばります。

それによって成長の機会を得ますが、度が過ぎるとストレス過多になりやすいのです。

物事がうまくいかないたびに、原因を自分自身の中に探してしまうため、精神的に追い込まれてしまいます。自分への評価が過度に厳しい場合には、精神的に疲労し、ストレスを溜めこみます。

自責思考のデメリットはストレス過多になり、自己完結して物事を考えてしまう点です。自分ですべての責任を負い、自分ひとりですべて対処しなければいけないと考える「自己完結型」の人は、報告・相談が苦手で、周囲になかなか頼ることができません。

特徴は次の通りで、優秀であると同時に頑固な一面があります。

・頭が良い（学歴が高い、成績が良いなどの形で）
・自分の意見に自信がある
・相談しない
・自分中心
・こだわりが強い
・これまでの問題解決能力が高い
・相手の話に耳を傾けない
・人に頼らない／頼れない
・勝手な解釈をしたり独断したりする

自己完結型になってしまう理由は、生まれつきの性格もありますが、共通するのは、他人を信用していないという点です。

他人に頼るより自分で進めたほうが効率よく無駄なく進められるからです。自分のやることや考え方に口出しも干渉もされたくないのです。

このようなタイプの人間がリーダーだと、いきなりあなたに仕事をふってくることも多く、よくわからずオタオタしていると「頭が悪い」「仕事ができない」と評価されます。とてもやっかいです。

攻撃の根っこにあるのは、コンプレックスの裏返しです。「頭が悪い」というのは、自分が何より言われたくないことでもあるのです。

一方の他責思考型は、当事者意識が薄いがゆえに、「自分のせいではない」「関係ない」ととらえるため、ストレスを抱えにくいというメリットがあります。

周囲を見渡して（良く言えば大局を見て）、客観的に物事をとらえて自分がいかに悪くないか、エクスキューズするのが上手です。

ずるいといえばずるいのですが、自責と他責の両方をバランス良く自分の中で育てていくことが重要です。

ストレス因子から逃げると半年で改善

アメリカの精神疾患の診断・統計マニュアル（DSM－5）によると、40～42ページで示した「身体的不調」「精神的不調」「日常生活・社会生活にあらわれる症状」は、ストレス因子（ストレッサー）の始まりから3か月以内に出現するとされています。

たとえば4月に就職した会社の環境が合わなければ、6月までに出現するということです。

しかし、**ストレス因子から逃げる（距離をおいて離れる）ならば、6か月以内には改善します。**

もしも次のような状態になったら、危険信号です。

「ストレス因子から離れても気分が晴れない」
「何をしても楽しめない」

ストレス因子となっている物事・人・環境から逃げずにいると、症状が改善しにくくなります。

苦手なことから上手に逃げて、自分の得意なことだけをやっていれば、仕事ができる人として評価される可能性もあります。

苦手なことから逃げない限り、適応障害は改善することはありません。むしろ悪化しながら持続します。

症状の種類やその重症度によっては、次の3つの病気の可能性を想定した診断に変わることもあります。

うつ病

うつになりやすい傾向の人がいます。

それは生真面目、完璧主義、自分に厳しい、凝り性、気をつかいすぎるなど。

考えている中身は、たいていがネガティブなことです。

考えすぎると、負のループにはまります。

それはたいていは答えのない問いです。たとえば、「どうせ死ぬのに、どうして生きていかねばならないのだろう」など。

弱っているとき、人は、答えのない問いが頭に浮かぶのです。

不安症

適応障害は、明確なストレス因子がありますが、「不安症」ははっきりした対象はなく、さまざまなことに対して、次々に過剰な不安が生じる症状です。

身体症状

体に症状があらわれます。

倦怠感、疲れやすい、頭痛、めまい、息苦しさ、咳、胸の圧迫感、動悸、震え、発汗、腹痛、下痢、微熱、涙が止まらないなど。

仕事がすごくできると評価されている人のなかには、自分が得意とすることだけをやって、高いクオリティを保っている人もいます。

少なくとも適応障害を回避するためには、「苦手なことから逃げる」ことがとても大切である、と覚えておいてください。

逃げるとは、生き延びること

私たちは、あたりまえのように「がんばれ」と人を応援しています。

「がんばってね」

「最後まであきらめちゃいけないよ」

「途中で逃げだしちゃダメ」

みなさんが挫折しそうになったとき、周りからこんなふうに励まされてきたのではないでしょうか。

でも、「逃げてもいいよ」とは、だれも言ってくれなかったはずです。

人を励ますためや応援したい気持ちを伝えるために、「がんばってね」と言いたくなります。

応援されたら、「はい、がんばります」と答えてしまいます。

でも、その言葉を口にするのは、ちょっと待ってください。

「がんばる」は、漢字で「頑張る」と書きます。広辞苑には、主に3つが記されています。

①我意を張り通す。
②どこまでも忍耐して努力する。
③ある場所を占めて動かない。

あらためて考えてみると、「我を張り通す」「どこまでも忍耐する」「場所を占領する」という「頑張る」は、**どれもあまり良い意味ではありません。**

一方、建築用語では、「逃げ」は「遊び」とも言われ、部材に狂いが出たときに、その誤差を受けとめる「余裕」を表します。

隙間を作って余裕を持たせておくことで、木材などの部材が温度差や湿度などによって狂いが出ても、その細かなズレを吸収することができるのです。

「逃げ」という隙間によって、建物の完成度が格段に高まります。

つまり建築の世界では、逃げがゼロの仕事は完璧とはいえないのです。

また、車のハンドルとブレーキにも「遊び」があります。

遊びがないと、道路のちょっとした凹凸でタイヤが動いてハンドルに常時伝わります。これでは車を安定して真っすぐに走らせることができません。とても危険です。

ちょっとしたハンドル操作とブレーキ操作で、車が方向を変えたり急停止したりしない**「遊び」が車の安全性を高めています。**路面に凸凹があっても遊びがあるからハンドルを取られにくいのです。

ところが、F1のようなレーシングカーには、遊びがありません。定められたコースを最速で走ってゴールするには、遊びがあると勝てないからです。

ただし、速いけれども、ハンドルを握っているドライバーは、一瞬も気を抜けない緊張の連続を強いられます。気をゆるめたら、命取りになる過酷なレースです。

私たちの人生もまったく同じです。

あなたはいま、一瞬も気を抜けない緊張の連続を強いられている状態です。

「逃げ」と「遊び」は、生きていくうえでなくてはならない重要な戦術なのです。

スピードが求められる現代社会において、いったん組織に入ったらなかなか逃げられない状況があります。

人事評価制度に不公平があったり、だれにも相談できずに慣れない業務を任せられたり。

よくあるのは「ダブルバインド」です。アメリカの精神科医グレゴリー・ベイトソン氏によって提唱された理論です。

ふたつの矛盾した要求や情報を受け取り、どちらの選択肢を選んでも、罪悪感や不安感を覚える心理的ストレスのある状態のことをいいます。

たとえば上司に「わからないことは何でも聞いて」と言われたので質問したら、「それくらい自分で考えるように」と突き放されたり、「自分で考えて行動しなさい」と放置しておきながら、自分で考えて行動すると「相談もなく勝手に行動した」と怒るような上司です。


このような上司・会社では、あなたの身は持ちません。

戦ったところで解決しませんから、体と心が壊れる前にさっさと逃げるが勝ちです。

令和4年（平成31年卒業者が対象）のデータによると、新規大学就職者の約3人にひとり（31・5％）が3年で離職するという内容でした。

離職率は、仕事内容、待遇、人間関係の3つによって左右されます。

転職エージェントサービスがこれほどたくさんある現代、「逃げやすい環境」が整ってきているとも言えます。

第二章

なぜ、逃げられないのか

弱音は吐いていい。吐き出すべきもの

弱音を吐いていいといわれても、言える環境がなければなかなか言えません。第一章の最後に紹介した「ダブルバインド」の心理ストレスを抱えている人も少なくありません。

２０２４年前期ＮＨＫ連続テレビ小説『虎に翼』の第15回（4月19日）放送で、女性で初めて高等文官試験司法科（現在の司法試験に相当）に合格して女性初の裁判所長となった三淵嘉子《みぶちよしこ》さんがモデルの主人公・猪爪寅子《いのつめともこ》が、次のように言うシーンがありました。

「みんなつらいなら、私はむしろ弱音を吐くべきだろうと思う。解決しないけど。せめて弱音を吐く自分を、その人をそのまま受け入れることができる弁護士に、居場所になりたい」

そのひと言で、その場にいた女性たちが次々に自分の弱音を吐いていきました。

いまのあなたは、どうせ何を言っても解決しないから、と弱音を吐くことをためらっているのかもしれません。

しかし、「学習性無力感」にとらわれてはいけません。

ポジティブ心理学を提唱したマーティン・セリグマンによる犬の実験がありますが、学習性無力感とは困難に置かれた状況で「自分はどうすることもできない」「状況を変えることなどできない」と、自分が無力な状態であると思ってしまう学習された認知のことです。

ロシアの文豪ドストエフスキーの後期の作品に『地下室の手記』があります。その中で、人にとってもっともつらい拷問は「土を掘って、できた穴をまた埋めるという作業を繰り返すことだ」と言っています。

また、セリグマンは人の幸せには、「達成感」「快楽」「没頭」「良好な人間関係」「意味合い」の5種類があると提唱しました。

5つめの「意味合い」は、自分がしていることには意味がある、だれかに貢献できているという実感のことです。

人は無意味なことには耐えられません。いま自分がやっていることが無意味に感じてしょうがない状況であれば、それは幸せとはいえません。

私は、弱音を吐ける社会を、弱音を言ってもだれかが受けとめてくれる世の中を目指したいと考えています。それが精神科医をやっている意味でもあるからです。

弱音を吐けない４つの不安

弱音を吐ける環境を、心理学では「サイコロジカル・セーフティ」といいます。日本語では「心理的安全性」と訳されます。

組織行動学の研究者であるエイミー・エドモンドソン教授が１９９９年に論文で提唱しました。

主に職場で、だれに何を言っても、人間関係が壊れることなく、罰を受ける心配もない状況を指す言葉として用いられています。

「いま話しかけても大丈夫かな」
「こんなことを聞いても平気かな」

このような不安は、だれでも持っています。

生産性を上げるうえでも、働きやすい環境をビルドアップするためにも、大切なのはこの心理的安全性です。職場に限らず、家庭においてもとても大切なことです。

心理的安全性が低いと、どうして不安が引き起こされるのでしょうか。

エドモンドソン教授は、不安が引き起こされる理由を4つ述べています。

1　無知だと思われる不安

わからないことをだれかに質問したり、相談したりできない。会社の期待に応えられないと、自分の居場所がなくなってしまうという不安がつきまといます。

2　無能だと思われる不安

「理解力が低いんじゃない？」「頭、悪いんじゃないの？」。そう思われるのは怖いものです。勉強ができる人ほど「わかりません」とは言えません。

また、ミスをすると、責められたり罰を受けたりするかもしれないという不安が強い環境では、上司に報告せずに隠すようになります。

そうすると問題は隠蔽され、大きなトラブルに発展するまでだれも気づくことができません。

これは政治の世界や大企業の隠蔽など、よくあるニュースとして報道されています。優秀な人ほど、この不安に取り憑かれてしまうのです。

3 邪魔をしていると思われる不安

会話というのは、そもそもいろんなところに脱線したり、わからないことを質問し合ったりして、それについて互いに不明瞭なことを明らかにしながら前に進んでいくものです。

ところが質問をすると、「そんなこともわからないのか！」と怒りだす人がなかにはいます。そうすると質問できなくなり、理解できないまま前に進むことになります。

4　ネガティブだと思われる不安

相手に改善点や問題点を指摘すると、自分がいかに正しいかを強い口調で主張したり、批判されたと感じて怒りだす人がいます。そうすると何も言えなくなります。

改善点や問題点は放置され、それによって問題はますます大きくふくらんでいきます。「１件の重大事故の裏には３００件のヒヤリハットがある」とは、そういうメカニズムで最後は重大事故になってしまうのです。

逃げるデメリットをなくす方法

うまく逃げないと、人に迷惑をかけます。

第一章でお伝えしたように、逃げる人は、落伍者、負け犬、弱虫、根性なし、卑怯者、ずるい、わがまま、甘ったれ、自分勝手、努力が足りない、我慢が足りない、責任逃れと言われます。

だから、逃げようとする前に、次のような不安が起こります。

「人に会うのが気まずくなるのではないか」
「攻撃されたり、非難されたりするのではないか」
「排除されるのではないか」

「陰で悪口を言われるかもしれない」
「いじめられる」
「次の仕事がすぐに見つけられないのではないか」
「またアイツずる休みしていると言われるのではないか」

このようなことが本当に起こったら…と思うから、逃げることは自分の利益にならないと考えすぎてしまうのです。

もちろん、逃げることは、あくまでも「自分のため」であって、他者に迷惑がかからない逃げ方をすることは大切です。
他者に「自分勝手な逃げ」に映ってしまうと、あなたにとって不利益になりますから、上手に逃げる方法については第三章でお伝えします。

ストレスが加わったときに共通する反応

ストレス因子のことをストレッサーといい、さまざまなものがあります。

- 物理的ストレッサー……暑さ、寒さ、騒音、混雑など
- 化学的ストレッサー……公害物質、酸素欠乏／過剰、薬物など
- 生物的ストレッサー……花粉、ウイルス、ダストなど
- 生理的ストレッサー……炎症、病気、空腹、妊娠、虫歯、感染など
- 心理的社会的ストレッサー……人間関係の葛藤や社会的行動に伴う責任、将来に対する不安など

これらのストレス作用がどのようなものであっても、「一定の反応経過をたどる」というストレス学説を提唱したのが生理学者のハンス・セリエでした。

ストレッサーに突然さらされた体は、初めにショック状態を起こします（**ショック相**・次ページ図参照）。身体的反応として、血圧低下や血糖値低下、筋緊張の抑制などの現象が見られ、数時間から1日ほど持続します。

続いて、突然のショックから立ち直り、ストレスに対する適応反応が本格的に始まります。今度は血圧や血糖値が上昇し、ショック相とは真逆の反応が起こります（**反ショック相**）。それが頭痛やめまい、肩こり、胃痛、下痢などです。

次の段階にくるのが②の**抵抗期**です。有害なストレッサーに対する抵抗力が増し、ストレッサーと抵抗力とがバランスを保つことによって、一時的に安定します。できればこの時期にストレッサーを取り除くために、「逃げる」という行動が取れれば、ストレス状態から回復して健康を取り戻すことができます。

しかし、ストレッサーに抵抗するためのエネルギーを消費しすぎてしまうと限

ストレスを受けたときの反応

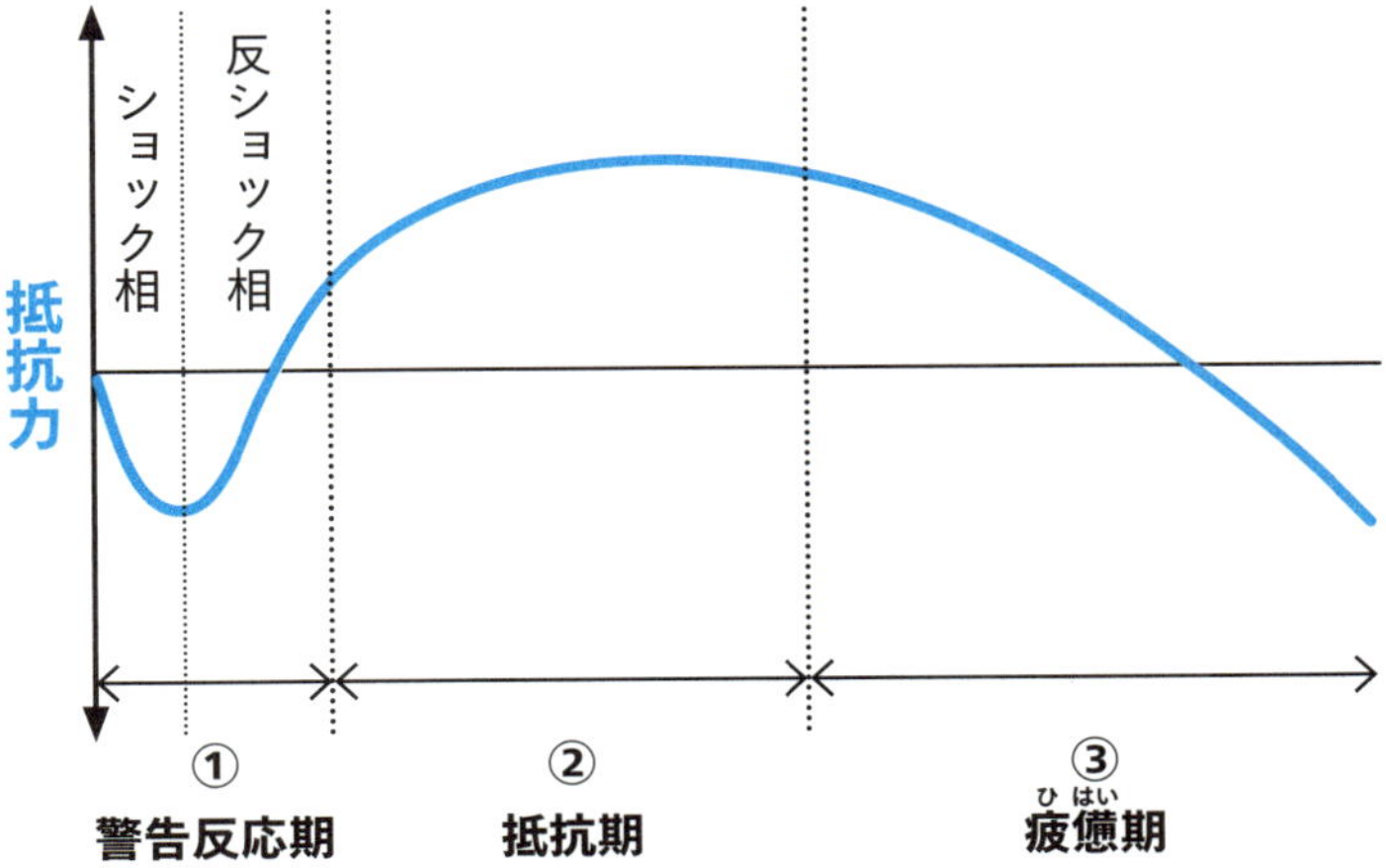

汎適応症候群(GAS)の時間的経過(濱・鈴木・濱, 2001を一部改変)

界を迎えます。行動的反応として、集中力の低下や、飲酒・喫煙量の増加、引きこもり、不眠、意欲減退など。心理的には不安や怒り、悲しみ、イライラが一次反応として、二次反応として無気力やうつ気分に陥ります。

　このストレス状態が長期間にわたって続くと、だんだん抵抗力（ストレス耐性）が衰え、エネルギー切れを起こします。

　あるいは行動が抑制されてフリーズ状態になり、感情面ではあきらめや不安、無力感、意欲の低下が生じます。自分は何もできない、状況を変えることなどできないと、無力状態になるのです（**③疲《ひ》憊《はい》期**）。

　適度なストレスに対しては、私たちは適応する能力が備わっていますから、仕事効率や集中力が向上します。

　しかし、長期にわたってストレス状態が続けば、最悪の場合は死に至ることもあります。

数か月で進行する自殺のプロセス

前述のような不安が極限に達すると、うつ状態に陥り、正しい判断力を失います。冷静な判断ができなくなってしまうのです。

ライフイベント（この章の最後のコラムで、ライフイベントから疲労度を測るストレス評価尺度を紹介しています）をきっかけにうつ状態になった人は、心の視野狭窄《きょうさく》が起こります。それを「トンネル・ビジョン」といいます。

トンネル・ビジョンとは、余裕や冷静さ、柔軟性を失って、状況を大局的に見ることができない状態のことです。さまざまな可能性があるにもかかわらず、特定の選択肢しか考えられなくなります。

心の視野狭窄状態が数か月続くうちに、視野はますます狭くなります。たった**数か月で正しい判断力を失ってしまう状況に追い込まれる**のです。

そして、最後はたったひとつの選択肢「私はもうダメだ」「私はもう死ぬしかない」という気持ちに追い込まれて自殺のプロセスが進行していきます。

これは本人が自らの判断で死ぬことを決意したわけではありません。「死ぬしかない」という極限状態に追い込まれたのです。

ＷＨＯ（世界保健機関）によると、自殺者の約97％が何らかの精神障害の診断がつく状態であったことがわかっています。

そのうちの約３割（７割という人もいます）がうつ病を含む気分障害です。次いで薬物やアルコール依存、統合失調症、パーソナリティー障害で、これらが自殺に関連する４大精神疾患といわれています。

ちなみに、ポジティブ心理学の第一人者であるマーティン・セリグマンが提唱した「5種類の幸せ」（達成 Achievement、快楽 Positive emotion、没頭 Engagement、良好な人間関係 Relationships、意味合い Meaning）のひとつ「快楽」は、脳内ドーパミンが放出されるタイプの幸せです。おいしいものを食べたり、薬物やアルコールを摂取すると、ドーパミンが放出され、すぐに快楽というフィードバックが得られる幸せです。そのため依存症になりやすいのです。

なかには「メンタルを病むのは自己責任である」と主張する人がいます。あたかも、いじめられるほうにも責任があるという論理です。

しかし、これは大きな間違いです。

社会経験が少ない若者や社会的に不利な立場にある社会的弱者は、炭鉱のカナリアのように、社会あるいは会社、チーム、家庭などが抱える矛盾や課題を真っ先に被ります。

たとえば小泉内閣のときに、労働法が改正され、非正規雇用の枠組みが広がりました。それによって非正規雇用が増加し、非正規雇用者は正規雇用者に比べ賃金が安いために所得格差が拡大し、ワーキングプア問題が噴出しました。

年末の日比谷公園に寝泊まりする非正規雇用者と路上生活者に、ボランティアの人たちが炊き出しをした光景を記憶している人も多いのではないでしょうか。このときに論じられたのも自己責任でした。

だれでも職業を選択する自由があるのに、自ら非正規雇用を選んだのだから、その結果に対する責任は本人にある、という主張です。

自助努力の社会が合わない人もいる

自己責任と同時に語られるようになったのが「自助努力」でした。

非正規雇用者が正規雇用者になれなかったのは、努力を怠り、しかるべき能力を身につけなかったからだというものです。

たとえば、確定拠出型制度（ＤＣ制度）は、従業員が自ら自己責任のもとで資産を運用し、老後の貯蓄を行う年金制度です。

これと対をなすのが確定給付型のＤＢ制度です。会社が従業員の老後のために積み立てを行う制度です。

多くの企業でＤＢ型からＤＣ型へ切り替えや一部導入が進みました。その背景にあるのは、財務リスクを会社が保持したくないという理由からです。資産運用のリスクは会社から従業員へと移転し、これまで資産運用とはまったく無縁だった社員は、自助努力のもと、自らリスクを背負うことになりました。外部からプロの運用コンサルタントなどの助言を受けてもなお保持できないリスクを、従業員の自己責任として押しつけたのです。適切な情報があれば、個人が適切な投資行動を起こせるかどうかは別問題です。

さまざまな情報のなかで、取捨選択をして判断を下し、損をしない行動を取るのは大きなストレスです。どんなに重要なことであろうと、それを認知して行動に移すのは煩わしいことです。

では自助努力をしない人は、怠惰かといえばそんなことはありません。重要だと考えているからこそ、それがストレスになって動けなくなる真面目な人なのです。

うまくいっていないのは、その人の努力が足りないせいでしょうか。

私はそうは思いません。

成功したければもっと努力しろという能力主義的な考え方は、いまの時代では成り立たなくなっています。

典型的な人生の型（会社員や公務員など）に所属しているときは、「社会責任」の考えが適用され、公的なサポートが受けられます。

ところがいったんその型を外れた途端、自己責任を押しつけられます。

型を外れる＝逃げること、という思い込み。

逃げられない不安の構造です。

日常にあふれる「勇気をくじく行為」

「もっとがんばらなきゃ」と思っている人に、周囲の「がんばれ」という言葉はとても残酷です。「いまよりもっと、がんばらなければ」という考えに支配されてしまいます。

期待してくれている人を悲しませたくない、がっかりさせたくないという思いから、無理して気丈にふるまうようになります。

「がんばれ」という側の深層心理には、「あなたががんばってくれないと、私が困る」という隠された意図が存在することがあります。

そして、その意図に本人自身も気づいていないこともあります。

親や教師、上司、会社の人事部の人など、「あなたのため」というのはあくまでも建前であって、ただ単に「自分本位」であることも少なくありません。

自分本位とは、自分のことしか考えないこと。自分に都合が良いこと。

いくつか自分本位の例をあげてみましょう。

- 途中で投げだすのを許してしまうと、相手に怠け癖・逃げ癖がついてしまうのではないか。
- 逃げるのを止めないと、のちのち自分の責任になるかもしれない恐怖。
- 「継続は力なり」という言葉があるように、継続すれば身につけられる力があるという誤解。
- 最後まであきらめない〝グリット〟を身につければ、将来的に叶えたい目標を達成することができる。
- 安易にあきらめを許して、甘やかしてはいけない。

・親の育て方が悪い、指導の仕方が悪いと、周りから責められたくない。

これらは「あなたのため」ではなく、「自分のため」の考えです。
あなたの「逃げる勇気」は、簡単にくじかれます。
なかには心の底からあなたを応援したいと思っている人もいるでしょう。しかし、その応援の言葉がかえって凶器となり、あなたを追い詰めます。

では、周りはどんなふうにサポートすればいいのか？については、第四章でお伝えしたいと思います。

２０１６年に発売された書籍『やり抜く力ＧＲＩＴ（グリット）――人生のあらゆる成功を決める「究極の能力」を身につける』（ダイヤモンド社）が話題になりました。

「グリット」とは、困難にあってもくじけない闘志、気概や気骨などを表す英語です。**社会的に成功している人たちが共通して持つ心理特性**といわれています。

でも、「社会的に成功する」というのは、どういうことでしょうか。

世の中には、勇気がくじかれることが日常的にたくさん起こります。「くじけちゃいけない」のではなく、「くじけてもいい」のです。

世の中には、勇気をくじく行為があふれているのですから。

勇気の5つの基本理論

アドラー心理学では、困難を克服する活力を与える「勇気づけ」があり、5つの基本理論を提唱しています。

その5つを紹介しましょう。

①自己決定性

自分がどうしたいかは、自分で選択できる。

②目的論

人間は目的に向かって生きている。人の行動には目的がある。目的次第で人生

は変えることができる。

③認知論

自分の受け取りたいように、目の前のことを自分だけのメガネを通して主観的に意味づけている。

客観的に物事を見る力（共通感覚）を身につけ、自分の物差しだけでなく、さまざまな視点で物事を見たり考えたりすることで、誤った思いこみに気づいて建設的に物事をとらえ直すことができる。

ただし、他人の目を気にしすぎていると、判断力と行動力が弱る。

④対人関係論

人間のあらゆる行動には、相手役がいる。

⑤全体論

理性と感情、心と体は、すべてつながったひとつのものと考える。「やめたいけどやめられない」のは、やめられないのではなく、「本当はやめたくない」という心理がある。

本来は人の心に矛盾はなく、言葉と行動が一致しない人は、自分で矛盾を作り出している。

心は「もう逃げたい」のに、「周りの期待に応えるためにがんばる」「親を悲しませたくないから、弱音は吐いちゃいけない」という矛盾を抱えていないでしょうか。

アドラー心理学では、逃げたいのに逃げられない周囲の同調圧力が煩わしければ、いますぐにでも関係性を切りなさいと教えています。

「せっかくこの会社に入ったのだから、辞めるのはもったいない」

「せっかくつき合い始めたパートナーと別れるのは怖い」

という気持ちを捨てて、その場から逃げるのは勇気の要ることです。

ひとりで抱えこまず、上司や親、友人、飼い猫、カウンセラーなど、だれでもいいので、「つらい」「大変だ」「もう無理」という言葉を吐き出してください。

つらいのに、「私は大丈夫」「私は平気」と大丈夫なふりをして矛盾を抱えてはいてはいけません。

弱音を吐くことは、負けではないのです。

逃げるのを阻止する5つの要因

あなたが逃げることを阻止している要因があります。

何が逃げることを阻止しているのか、5つあげます。

1　恐怖による脅し

罰や脅しで相手に行動を起こさせない方法です。

「逃げたら、みんなに非難されるよ」「ここから逃げられると思うな」「会社にバラす」「SNSで拡散する」

これらは恐怖を植えつけるやり方です。これは脅迫罪になります。

一方で「良い脅し」もあります。

強要するのではなく、本人の行動変容につながるように、行動をそっと後押しする方法です。それが「ナッジ理論」(nudge)といい、「軽くつつく、行動をそっと後押しする」という意味です。

選択を強制せず(選択の自由を確保する)、あなたがより良い方向に行動できるように誘導するものです。

2 同調効果

みんなと行動を合わせておくとひとまず安心です。それは意識的な行動でもあり、無意識の行動でもあります。

社会で生きていくためには、守らなければならない社会規範があります。「逃げてはいけない」という暗黙のルールが同調圧力となって、そこから逸脱しないように行動するようになります。

3 マイナス思考とダメ出し思考

ダメ出しばかりする人がいます。相談しても自分の話にすりかえて、「私のときはこうだった」「それでも自分はがんばって乗り越えた」といった話をする人がいます。

また、「〜だからダメ」「そういうところが悪い癖だ」と言ってくる人もいます。あなたは、自分で自分の欠点や、できていないところを十分すぎるほど認識しています。

あなたにダメ出しをするのは他人ばかりではありません。自分が自分にいちばん厳しくダメ出しをしているケースも多々あります。自分への期待値を下げ、あるがままの自分を許すことも逃げることにつながります。

4 現状維持バイアスと損失回避バイアス

逃げだしたほうが望ましい状況でも、現状維持を好む傾向があります。それが現状維持バイアス、または正常性バイアスです。

人は、現状を変えることを損失ととらえる傾向があります。

また、得る喜びよりも失う痛みを強く感じる傾向があります。インセンティブがあると、それに沿った意思決定をしますが、利益を得ることよりも損をするほうにより敏感で、小さな損失でも嫌う傾向があります。これを損失回避バイアスといいます。

逃げることを避けるのは、まさに損失回避バイアスによるものです。

5　初期設定から変えたくない

あらかじめ設定された標準の状態を「初期設定」または「デフォルト」といいます。

人は、そのままの状態を維持したがる傾向があります。

たとえば、ある商品を購入する際、初期設定からそのまま注文しがちです。変更するのは面倒くさいという心理が働いて、先延ばしにする「現状維持バイアス」が働くからです。

その心理を利用して、定期購入コースをデフォルトにしている場合があります。ところが、「私は定期コースではなく1回お試しで注文しているはずだ」という思いこみがあるので、それを崩すのは難しいのです。

column

いまのあなたのストレスは何点？

アメリカの心理学者T・H・ホームズらは、疲労をストレスという尺度から評価する方法を開発しました。

それが「社会的再適応評価尺度」です。

結婚や配偶者の死、退職など、人生で多くの人が遭遇するイベントを43項目取り上げて、そのイベントから受けるストレスの重さを点数化しました。

社会的再適応評定尺度

（Holmes & Rahe, 1967）

ライフイベント	得点
配偶者の死	100
離婚	73
夫婦別居生活	65
拘留	63
親族の死	63
個人のケガや病気	53
結婚	50
解雇・失業	47
夫婦の和解・調停	45
退職	45
家族の健康上の大きな変化	44
妊娠	40
性的障害	39
新たな家族構成員の増加	39
仕事の再調整	39
経済状態の大きな変化	38
親友の死	37
転職	36
配偶者との口論の数	35
1万ドル以上の借金（抵当）	31
担保、貸付金の喪失	30
職場での責任の変化	29

ライフイベント	得点
息子や娘が家を出る	29
親戚とのトラブル	29
自分の輝かしい成功	29
妻の就職や離職	26
入学・卒業	26
生活条件の変化	25
個人的習慣の修正	24
上司とのトラブル	23
労働条件の変化	20
住居の変化	20
転校	20
リクリエーションの変化	19
宗教活動の変化	19
社会活動の変化	18
1万ドル以下の借金	17
睡眠習慣の変化	16
同居家族数の変化	15
食習慣の変化	15
休暇	13
クリスマス	12
軽微な法律違反	11

1年間のこれらのストレスの合計点数が一定の値を超えると、翌年に何らかの身体疾患を訴える人の割合が高くなるというデータがあります。

３００点以上　79％

２００〜２９９点　51％

１５０〜１９９点　39％

この結果から、ストレスの蓄積と身体疾患を訴える頻度は比例的な関係にあることが明らかになりました。

家庭を持つ人にとって、夫婦の関係性が崩れると大きなストレスとなることがわかります。結婚や妊娠、新しい家族ができるという自分によって喜ばしく輝かしいイベントも、ストレス度が高まります。

悩みや苦しみからくるネガティブなものだけでなく、楽しいことやうれしいこともストレスの引き金になる可能性があるのです。

第三章
逃げる技術

逃げるためのインフラは整ってきている

人間はソーシャル・アニマルといわれ、個人として存在はしていても、絶えず他者との関係によって成り立っています。

夏目漱石の小説『草枕』の冒頭には、次のような一節があります。

> 智に働けば角が立つ。情に棹《さお》させば流される。意地を通せば窮屈だ。兎角《とかく》に人の世は住みにくい。

漱石の時代に限らず、どんな時代でも人間社会でストレスなく生きていくのは難しいものです。

かつて日本には、「家」と「ムラ」という強い共同体がありました。

江戸時代は、掟や秩序を破った者に対して、「村八分」という自治的な制裁行為を科しました。地域内の住民が結束して、掟を破った者に対して、罰金・絶交・追放といった制裁を科すのが正当化されていました。これによって水源利用ができなくなれば、孤立して、その社会では生きていけなくなります。それは死を意味します。

しかし、現代は、共同体が存在する意味が大きく変化しました。

村八分の残りの二分である葬式と火事においては、どちらも共同体の存在はもはや必要ありません。消防は行政が取り仕切り、葬儀は民間の会社が取り仕切り、火葬は行政が行います。これがいわば「孤立」を支える集合的インフラが整ったということです。核家族化が進み、家のしきたりはほぼ存在せず、墓じまいに困っている人の声が聞こえてきます。

雇用形態も大きく変わりました。年功序列や終身雇用は終わりを告げ、将来安泰と思って就職したはずの会社でも、業績が悪化すればいつリストラされるかわからない不安に脅かされています。

DV（ドメスティック・バイオレンス）においては、配偶者暴力相談支援センターがあり、「配偶者暴力防止法」（DV防止法）という法律によって守られています。

これまで泣き寝入りするしかなかった家庭内の暴力が、夫婦であっても相手にケガをさせれば傷害罪が成立します。

いわば逃げる環境が着実に整ってきているのです。

夏目漱石はどのように神経症を克服したか

統合失調症とうつ病に共通するのが、

「消えたい」

「死んだほうがラク」

「死ぬしかない」

「自分はいないほうがいい」

といった感覚に支配されてしまうことがあることです。


江戸時代は、ガチガチのムラ社会でしたから、共同体からの離別は、死を意味しました。

しかし、明治以降になって、夏目漱石のような文学者らが共同体から個人を析《せき》出《しゅつ》するのを後押ししてくれたように感じます。

漱石は勉強熱心で、どの教科でも首席の成績で、23歳で帝国大学（のちの東京大学）の英文科に入学します。このころから悲観主義・神経衰弱に陥り始めます。夏目漱石もストレスを受けやすい性質を持っていたといわれています。

大学を卒業したのち、英語教師として働き、33歳のときに文部省から英語教育法研究のために英国留学を命じられ、単身でイギリスに渡ります。

しかし、国からの生活費は少なく、初めての土地でのひとり暮らしで神経を衰弱させました。

そんなとき、友人の高浜虚子が勧めたのが文章を書くことでした。漱石は、筆を執ると文才を発揮し、『吾輩は猫である』『坊っちゃん』『それから』『こころ』など次々に名作を生みだしました。

『それから』で、漱石は次のように綴っています。

最初から客観的にある目的を拵《こし》らえて、それを人間に附着するのは、その人間の自由な活動を、既に生れる時に奪ったと同じ事になる。だから人間の目的は、生れた本人が、本人自身に作ったものでなければならない。

「本人自身に作ったものでなければならない」というのは、いわゆる自己決定です。

物事を自分で決められる人は幸福度が高いというデータも示されています。

漱石は帝国大学に入るくらい優秀だった人ですから、人一倍がんばり屋で、真面目で、努力家だったことでしょう。

また、世間からの大きなプレッシャーにも強く、周囲の期待に応えることで、自分の存在意義を実感できたのかもしれません。

しかし、周りの期待に合わせてばかりでは自分を見失ってしまいます。責任感が強いと逃げることもできません。

でも、他人が求めることと、自分が本当に求めていることは異なりました。漱石は、小説の中で、人間の目的は、生まれた本人が、本人自身に作ったものでなければならないと主張したのです。

逃げるには、「相手がどう思うか」「相手は自分に何を期待しているか」を考えすぎないことです。

「他人軸」で物事をとらえて行動していると、心底疲れ果ててしまいます。

上手に逃げるための武器は「自分軸」

逃げるのが上手な人は、「自分軸」で生きています。

さまざまな判断を「私はどう思うか」「私は何をしたいか」を軸に行動します。

これをワガママという人もいますが、そんなことを気にする必要はありません。

無視してください。


自分軸を取り戻すコツは、「私は」という主語を明確にすることです。

「私は、会社に行く」

「私は、今日この業務を終わらせる」

「私は、今日は早めに仕事を切り上げてゆっくり食事をする」

自分軸を明確にすると、だれかの期待に応え続けて生きてきた人は、自分の気持ちが明確になります。

いままでだれかの期待に「イエス」と応えてきたけれど、本当は「ノー」だったことに気づきます。

意外にも周りはあなたの「ノー」を尊重してくれることに気づきます。

もしも、自分軸がわからなくなったら、「私はどうしたいの？」と声に出して自分自身に質問してみるのが効果的です。

意地もプライドも捨てるのです。

「私はすごい」「私はできる」と、自分の力を証明しようとする背景には、自信のなさや競争心、虚栄心、承認欲求があります。

自立心は強いのですが、自分の感情よりも、思考が優位になりがちです。

これは感情を無視していることに他なりません。

感情は、ちゃんと感じてちゃんと受けとめると、「解放される」という性質があります。

感情は麻痺させたり抑圧するものではなく、解放する必要があるのです。


現代を生きる私たちは、昔とは比べものにならないほどの情報量の中で生きています。気づかないうちに、メディアの意見や有識者やインフルエンサーの発言に同調してしまい、「自分はどう思うか」を見失いがちです。

つまり自分軸がない人のほうが、他からコントロールされやすいのです。


自分軸は「自己本位」のことです。自己本位は自己中心的とは少し異なります。

自己中心は、他人の存在を無視して、自分中心に物事を考えることです。

自己本位は、他者の存在を尊重しながらも、「私はどう思うか」「私は何をしたいか」を問う態度です。

逃げられない人は、他人にふり回されて、自分を見失わされています。いわば洗脳とさえ言えることです。

他人をふり回すのがうまい人は、他人をコントロールする術に長けていますから、社会経験が少ない人は、彼らにすぐに飲みこまれてしまいます。

逃げるには、相手と真正面からは戦ってはいけません。相手の攻撃をうまくかわしながら逃げるのです。

「もうがんばりたくない！」と言ってください。

「私は大丈夫じゃない！」と言ってください。

次の項目からは、逃げるための方法を紹介します。

ひとつはその場を離れずに逃げる方法。

もうひとつがその場から距離を置く方法です。

まず、その場を離れずに逃げる方法からお伝えしていきます。

その場から離れずに逃げる方法① 書く

夏目漱石は、もやもやうつうつした思いを、書くことで自らを救いました。

心理学では、このような行為を「昇華」といいます。

嫌いな上司への苛立ちを歌や絵にして表現したりする行為です。漱石の昇華された作品で、私たちもまた救われました。


書くことは、自分をつらさと恐怖から逃がす（救う）セラピーです。

つらい気持ちや愚痴、弱音は、自分の内側に留めておくのではなく、書くことで外に吐き出します。

「吐き出す」といえば、呼吸も同じです。

吐き出すと、新鮮な酸素がいっきに入ってきます。


呼吸についてすこし説明します。

息を吸うときは、「交感神経」が優位になります。

交感神経は、戦いのときに優位になる神経で、いわばアクセルです。

私たちは緊急のとき、「はっ」としたとき、息を吸っています。血圧は上昇し、体が活動的な戦いモードに入ります。


では、息を吐くのはどういうときでしょうか。

息を吐くと、「副交感神経」が優位になって、リラックスした状態になります。

張りつめた糸がふわっとゆるむようなイメージで、いわばブレーキです。

そして、ゆるんでリラックスすると、人は強くなります。プチッと切れることはありません。

安堵するとき、人は「ほっ」と息を吐いて、胸をなでおろします。

そして副交感神経は、リラックスしているときに体の疲れを回復させて、修復します。睡眠中や食事中、食後、入浴時など、心身がリラックスしているとき、副交感神経が優位になります。


また、呼吸はガス交換の役割があります。

吸った息を吐き切れないと、まだ酸素が残っているので、新しい酸素を取りこむスペースが狭くなります。しっかり吐き切ることが重要なのです。


このように私たちは、息を吐くことで体がリラックスできるしくみになっています。

書くことは、このガス交換と同じで、もやもやしていることを吐き出すことだといえます。

書くことで、新しい発想や新しいアイデアが入りこむスペースが生まれ、発想を転換したり、気持ちを切り替えたり、物事を別の視点から見る余裕が得られます。

書く効用は、「いま、ここ」に心を置くマインドフルな行為で、次のような作用があります。

1　目の前のもやもやから距離を置く

距離を置くとは、逃げることとです。

書くことで形のなかった「もやもや」が可視化されます。書いた文章を他者のような目で読み返すと、目の前の出来事を客観的に、冷静にとらえられるようになります。

「どうしよう……」「何から手をつけていいかわからない」という不安と焦りは、

書くことで減少していきます。

2　気づきを得て、これまでなかった新しい選択肢が生まれる

逃げられない人は、他者にどう見られたいか、あるいは他者にどう思われたいか、他人軸で物事を考えています。書くことは、そのことを一切考えずに、ただただ自分軸で物事を考える時間を得ることです。

書くことで、本来の自分を取り戻します。ありのままの自分の姿があらわれます。

ゲシュタルト療法では、ネガティブになったときは、自分の気持ちをはっきりと認識して言葉で外に出すことが有効であるとされています。理屈でわかるのではなく、書くことで「あ、そうか」と心理的、身体的に納得する体験を得ます。

また昇華は「**置き換え**」ともいいます。

親とケンカしてイライラした思いを物にぶつけたり、だれかを攻撃したり見下したり。

自分のつらい感情を直接そのストレッサーに向けずに（向けると命の危険が及ぶ場合も）、違う対象に置き換えて発散するのです。

同じ置き換えであっても、お酒やギャンブルのような「陰」ではなく、掃除やカラオケなどの「陽」に置き換えると、自己嫌悪に陥りません。「陽」はすなわち「幸せ」です。

日々の生活から「陰」を見つけだす能力より、どんなにささやかなことでも「幸せ」を見出すのです。

その場から離れずに逃げる方法② 認知療法

有効な「逃げる方法」に、認知療法があります。

73ページで心の視野狭窄、「トンネル・ビジョン」のことをお伝えしましたが、ストレスに長期間さらされ続けると、認知はどんどん歪《ゆが》んでいきます。

そうした場合に、その場から離れずに逃げるもうひとつの方法が「認知療法」です。

わかりやすくいえば、「あなたがトンネルだと思っているその暗闇は、よく見回してみれば、こんなにも開けた明るく見通しの良い場所ですよ」と気づかせることです。

視野が狭窄していると、「自分は何をやってもダメだ」という自己否定的になり、みんなが自分を「アイツはいつもミスばかりするダメなやつ」と見ているという思考の歪みが生じ、将来に対する否定的で悲観的な考えに陥ります。

それは考え方の癖です。

癖ですから、修正することができます。


認知療法では次のように言葉を伝えます。


「あなたは、何をやってもダメなわけではないのではないですか？」

「周囲はあなたをダメなやつと評価している人ばかりではありませんよね？」

「これから起こる未来には、悲しいつらいできことばかりではなく、時には楽しいこともうれしいことも起こるのではないでしょうか」


思考の癖と歪みを軌道修正することで症状は改善します。これもひとつの逃げ方です。

初めは何を伝えても、「そんなことはない、どうせ私はダメな人間です」と否定します。

心のケアの場では、本人とカウンセラーの共同作業で行われます。そして、ものの見方と物事の認知の仕方が本当に正しいのか検証していきます。

他にもいろいろなものの見方があり、可能性があることや、他にも選択肢があることを一緒に考え、悲観的で非現実的な見方を修正していきます。

その場から離れずに逃げる方法③ 課題の分離

ハンガリーのことわざに「逃げるのは恥だけれど、生き抜くことのほうが大事」というのがあります。生きていれば勝ちです。

ホルモンや神経伝達物質のバランスが崩れてうつを発症する内因性のものもありますが、ストレスで発症するのが心因性のうつです。心因性の人が共通して言うのが、「逃げたいけど、逃げられない」です。

そんなことはありません。

ストレッサーにはさまざまな要素がありますが（69ページ）、視野狭窄の状態から抜け出せば、選択肢が見えてきます。

ダメな上司がストレッサーなら、その上司を正そうとしたり、諭そうとしたりしても通常はうまくいきません。そもそも正せるはずがありませんし、諭そうとしたら間違いなく反撃されます。

アドラー心理学では「課題の分離」といいます。

上司がダメなのは、あなたの課題ではありません。「上司の課題だ」とすっぱり割り切るのです。

ダメな上司につべこべ言われる前に、自分に近づかないように逃げること。

相手は変わるわけがありませんから、うまくつき合うなら、逃げるのが先決です。ここでいう「逃げ」は、相手に依存せず、他者のせいにもせず、自分を責めず、お互いに尊厳のある関係を構築することです。

アドラーは、「あらゆる対人関係のトラブルは、他者の課題に土足で踏みこむこと、あるいは自分の課題に土足で踏みこまれることによって引き起こされる」と言っています。

自分の課題に土足で踏みこまれそうになったら、距離を置くためにすぐに逃げてください。

嫌な上司（親・友人など）に困っているというその悩みは、課題を分離すれば、悩みの本質はあなた自身とはまったく無関係だと気づくはずです。

相手の課題をコントロールすることは、できないのです。

その場から離れずに逃げる方法④
完璧主義を手放す

完璧主義の人は、「とりあえずやってみる」という実験が苦手です。実験はやってみて確かめるもので、実験のほとんどは失敗します。完璧に準備して完璧にできなくて失敗するのが、完璧主義者は怖いのです（それでも失敗するのですが）。

Facebook社の創始者で知られるマーク・ザッカーバーグは「完璧を目指すより、まずは終わらせろ」（Done is better than perfect.）と言ったことで知られています。

完璧主義者は、責任感が強く最後まで手を抜かないという長所がある一方で、自分にも他人にも厳しく、良い面よりダメな面に目が行くため、自己否定に陥りやすいのです。

また、さまざまなことに批判的になりやすく、柔軟性に乏しく、徹底的に取り組むのでとにかく時間がかかります。気持ちを切り替えるのも苦手です。

あなたが完璧主義者なら、高すぎる目標を設定していませんか？

常に人からの評価を気にしていませんか？

この状況から逃げるには3つの方法があります。

1　加点方式にする

完璧主義の人は、自分が理想とする100点満点が常にスタート地点です。ダメな点を見つけては減点して、「あぁ、これもできなかった」と落ちこみます。

自分の不完全さとうまくつき合うのも逃げる技術です。

そうではなく、「これができた」という加点方式に変えてみます。

するとマイナス思考から抜け出し、自己肯定感が高まり、自分の成長も感じられるようになります。

2　なるようにしかならない

どんなにがんばっても、なるようにしかなりません。

神のみぞ知ることばかりです。

すべてのことを自分でコントロールできるわけがありません。

完璧主義の人は、自分の思った通りにいかないことが一度でもあると、それだけで続ける気をなくしてしまいます。完璧でなければ失敗、というゼロイチ思考

（またはオール・オア・ナッシング）の傾向があるのです。

「自分のやり方以外、納得できない」「方法を変えると、せっかく準備したのが無駄になる」「そのやり方は絶対に失敗する」「失敗するならやっても意味がない」と悪循環に陥ります。

「何とかなるさ」

「なるようになるさ」

「ま、いいか」

という姿勢で臨んでみてはどうでしょう。

厳しい自己評価基準があると、現状を否定して、いまの自分（現状）にダメ出しをして、もっといいものを求めようとします。95点を取っても、100点を取っても、これくらいみんな取っているのだから調子にのってはいけない、といまの自分を否定し、理想を追い求めます。そして燃え尽きてしまいます。

3　結果にこだわりすぎない

人生では、結果を出そうといくらがんばっても、思うように結果が出ないことばかりです。

でも完璧主義の人は、すべてを完璧にしたいので、すべてが同列に重要になり、優先順位をつけるのが苦手です。

結果が悪かったとしても、自分を責めないことです。

そうしないと、過去の失敗にずっととらわれてしまいます。

結果を出せないと意味がない、という無力感にもおそわれます。

あなたにも当てはまる部分はありますか？

中国古代の兵法家である孫子は、

「兵は拙速《せっそく》を聞くも、未だ巧にして久しきを睹《み》ざるなり」

と言いました。
戦争では、少々まずい点があっても、とにかく早く切り上げること。なぜなら戦争が長引くと莫大な金と時間がかかり、犠牲を払うので国が弱体化するからです。完全勝利でなくても、早く終わらせることが大切だという意味です。

巧久（本来の目的を忘れてあれこれ考えて無駄に時間を費やす）よりも、拙速（本来の目的以外のことには時間を割かずに素早く行動する）。

上司から何か提出するように言われたら、完璧じゃなくても期日までに提出します。
ミスを指摘されたら、「すみませーん」とただ修正すればいいのです。
結果より、「とにかくやる」ことが、社会で生き残る秘訣です。

その場から離れずに逃げる方法⑤ 戦わない

嫌な上司や嫌いな人間とは戦わず、負けたふりをするのも逃げるための重要な戦略です。

一歩ゆずって戦わない。逃げるが勝ち。競争しない。

戦いに勝つと、相手を支配したような気分になりますが、その後に待っているのは復讐です。

だから、上手にかわすことです。

理不尽なことで怒られたり、嫌味を言われたり、マウンティングされたり、身に覚えのないクレームを言われたら、「相手の正体見たり」としたり顔で、深呼

吸して怒りをしずめ、感情的にならず、戦わず、自分の正義を主張することなく、一歩引く（逃げる）のです。

これは負けではありません。

撤退は、ビジネスにおいては非常に重要な戦略のひとつです。

２０２４年2月9日、イトーヨーカドーは北海道・東北・信越地方から完全撤退を発表しました。

決算が３年連続の最終赤字で業績不振が続き、店舗の大幅削減を含めた構造改革を進めました。この撤退は生き残るための戦略です。

その場から離れずに逃げる方法⑥
味方2割に注目する

あなたのことを攻撃してくる人がいます。それが2割。
どっちでもない人もいます。これが6割。
あなたの味方もいます。これが2割。

人間関係の基本がこの2・6・2です。

トンネル・ビジョンになっているときは、自分を攻撃してくる2割のことしか見えません。だからつらくなります。自分はダメな人間だと自己否定します。

しかし、ほとんどの人は「どっちでもない人」です。状況によってどちらにでも転ぶ人です。


たったひとりに嫌われただけなのに、みんなが私のことが嫌いだと思ってしまっていませんか？

1週間のうちで4日間、うまく進んでいても、1日でも失敗があると「いつも自分は失敗ばかり」と考えてしまっていませんか？

あなたの味方は確実に2割います。

あなたを心から応援してくれている2割に目を向けてください。

心がぽかぽかしてきます。

つらいときは、その存在を思い出してください。

その場から離れずに逃げる方法⑦
染まったふりをする

人間にはいくつもの仮面（ペルソナ）を演じ分けています。

役者は舞台で「役柄のペルソナ」をつけて登場します。

ペルソナとは、個人が世間に見せる「仮面」「役割」のことです。これは、他者からもっとも良く見える自己の部分であり、社会的な期待や文化的規範に適合しています。

会社や世間に対して、本当の自分を見せる必要などありません。

所属している組織（会社や友人グループ、家族）が掲げている価値観を、その場に応じて演じればいいのです。

そして、ひとりになったら素の自分に戻ります。

これは有効な逃げる手段です。

しっかり使い分けて、距離を置いて、その場に合わせて上手に染まった「ふり」をしてやり過ごします。

あるいは、「出世しない」という逃げ方を選ぶ人も増えてきています。

管理職にならなければ、労働組合があなたを守ってくれますし、残業手当も働いた時間分をしっかりもらうことができます。

距離を置いて逃げる方法① 考えない

つらいことから目を背けてはいけない、とよく言われることですが、背ける＝逃げるという戦術は重要です。

つらいことは、いくら考えても解決しないばかりか、考えれば考えるほどネガティブな方向へ向かいます。

こんなときに考えているのは、えてして「自分でコントロールできないこと」です。さまざまな可能性を考えるのは自由なのですが、自分でコントロールできないことを考え続けると、自分でコントロールできることもおろそかになります。

では、考えなければいいじゃないか、といえばそれまでのことですが、それができないのが真面目な人です。

考えないようにするために、いくつか方法があります。

1　その場を離れる

トイレに立つ、家に帰るでも何でもよいので、とにかく嫌なことからいったん距離を置きます。

休憩室でひと息つく。コンビニでお茶を買う。外を1周ぐるりと歩くのも気分転換になります。

2　逃げ道をたくさん用意する

よく「退路を断つ」と言いますが、逃げ道をいくつも作っておくことは生きるうえで重要です。手持ちのカードを持っておかないと、ゲームはすぐに終了してしまいます。

逃げ道は何でもいいのです。

疲れていると感じたら、ハンドドリップでコーヒーを入れてみる。歌を歌う。書道をする。花を生ける。山に登る。ヨガをする……。つらいことから逃げるためなら、何でもいいのです。

脳はふたつのことを同時にやるのが苦手です。笑いながら怒ることはできませんし、マルチタスク型の人でも、ひとつのことにしか集中できません。

つまり、ネガティブな思考をストップさせるためには、何か別のことをするのです。

3　ぼーっとする

人は集中力を必要とする仕事に取り組んでいる脳のときよりも、「能動的に活動していないとき」の脳のほうが「ひらめき」が得られます。よく言われる「シャワー中のひらめき」です。

「受け身ではなく、積極的に取り組みなさい」「ジブンゴトとしてとらえなさい」

と私たちは教育されてきました。

しかし、脳科学の視点からいえば、「認知的な努力を必要としないぼーっとした脳の状態のとき」にもっとも「デフォルトモードネットワーク」(DMN)が活性化します。

ぼーっとすると、DMNの働きが活性化し、記憶情報の処理を行う海馬の中で、散乱している記憶を取捨選択し、くっつけたり分析したりしながら整理整頓を行います。

他にも散歩や掃除、料理、音楽鑑賞、あるいはトイレに行ったときなども、DMNが活性化します。

考えすぎる傾向にある人は、納得がいくところまで気が済むまでとことん考え、起こりうる可能性をいくつもシミュレーションをしたら、あとはぼーっとしてみましょう。そうしたら、まったく別のところから答えが出たりするものです。

距離を置いて逃げる方法②
とにかく逃げるなら休職

「休職」という、逃げる選択肢があります。

一般的に、「適応障害」（39ページ〜）と診断された場合は休職できます。ストレッサーから離れることで、症状の回復が見込めるからです。

休職とは、自己都合により仕事を一定期間休むことです。休職理由は、病気やケガ、家庭の事情などさまざまですが、適応障害もそのひとつとして認められています。

休職するには、医師の診断書や申請書が必要になります。また、職場に症状を伝える必要があります。

休職中の給与や社会保険の扱いは、会社の規定や労働契約によって異なります。


仕事に対するモチベーションが低下し、業務に支障が出ている人や人間関係に悩んで職場に行くのがつらい人、身体的な不調が続き、日常生活に影響が出ている人、自分の状態を客観的に判断できなくなっている人、自傷や自殺の考えが生じている人はすぐに医師の診断を受け、いますぐ逃げてください。

症状によっては、会社の担当者と直接面談することが難しい場合もあるでしょう。そのときは、メールで休職の申し出をする方法もあります。

また最近では、さまざまな「代行サービス」が充実しています。どうせ逃げるなら、退職代行を頼むのもひとつのやり方です。

適応障害で休職するとき、給与の一部がもらえる「傷病手当金」があります。
また、医療費の自己負担額が軽減される「自立支援医療」を活用することもできます。

・傷病手当金

病気やケガが理由で会社から十分な報酬が支払われない場合に、加入している健康保険から支給される手当です。休職した日から連続した3日間を除いて4日目から支給され、給与の3分の2程度の金額が支払われます。

支給を受けるためには、全国健康保険協会または健康保険組合への申請が必要です。

・自立支援医療（精神通院医療）

通院による精神医療を続ける必要がある人の通院医療の自己負担を軽減するた

めの公費負担医療制度です。
制度を利用する際は、居住地の自治体に申請する必要があります。
自己負担額は原則1割になり、所得に応じて上限額が設定されます。

距離を置いて逃げる方法③
労災保険の申請をする

労働時間や賃金、解雇などの労働条件に関することや、職場の安全や衛生に関すること、労災保険に関することについて相談を受けつけているのが厚生労働省の相談窓口が「労働基準監督署」です。

〈労災保険相談〉

- 仕事中にけがをした
- 労災保険の請求方法を知りたい

・労災で仕事を休んだとき、賃金は補償されるのか
・パートやアルバイトでも労災の対象になるか
・「うつ病」や「過労死」が労災になるのはどんな場合か

逃げるなら、泣き寝入りせず、まずは相談してみましょう。
基本的に午前9時半から午後5時半の平日で、土日祝日、年末年始は休みです。夜間や土日祝に電話相談したい場合は、「労働条件相談ホットライン」というサービスがあります。夜間や土日祝日でも電話で相談できます。

ここで解決しない場合は弁護士に相談します。初回は無料という場合もあります。また、「法テラス」という国によって設立された公的なサービス機関があります。自分が不当な働き方を強いられていないか、逃げることで距離をおいて対策を講じてみてください。

第四章

逃げたいのに逃げられない人をサポートする方法

15 人にひとりが一度はかかるうつ病

私たちは、追い詰められたり、逃げ場を失うと、自分の身を守るために他者を攻撃したり、自分を攻撃したりします。

気がつかないうちに正しい判断力を失い、日々、精神的なダメージを蓄積していきます。

症状があらわれ始めるのは、ストレッサーと出合って約3か月くらいのことが多いとされます。

周りがいくら「がんばらなくてもいい」「逃げてもいい」と伝えても本人には響きません。

自分がうつ状態にあることに気がついても、職場や家族に心配をかけたくないと、ひとりで抱えこみ、だれにも相談できずにいる場合もあります。

自分ががんばりすぎていることにも無自覚で、本人は「もっとがんばらなければならない」と思っています。


うつ病は、日本では約15人にひとりが、一生のうちに一度はかかる病気といわれています。女性では４人にひとりという報告もあります。

うつ病はだれでもかかる可能性があります。

早めに対処すればスムーズに治療が進められます。


うつ病のサインは、自分ではなかなか気づきませんから、身近にいる家族や同僚、友人が気づいてあげることが重要です。

早期発見・早期治療でほとんどの病気が治るようになったように、心の不調も早期発見・早期対応が重要です。

早めに対応することで、治療もスムーズになり、早期の回復につながります。

心配な症状があれば、ゆっくりと時間をとって話を聴くことが大切です。

うつ病のサインを見逃さない

「いつも」の様子と違うと感じたら、対応すべきときです。
次のようなサインが10日から2週間以上続く場合は、要注意です。

・体の面

〈睡眠の変化〉

□朝早く目が覚める
□夜中に何度も目が覚めて眠れない
□寝つきが悪い

〈食欲・体重・体調の変化〉

□食欲がない
□食べてもおいしくない
□食欲が急に増えた
□体重が減った、または増えた
□疲労がとれない・疲労感が抜けない
□朝からぐったりと疲れきっている
□頭が重い
□肩・首が重い
□下痢や便秘が続く

・**心の面**

〈憂うつ感〉

□ 気分が落ちこんでいる

□ 何事にも悲観的になる

□ 憂うつだ

□ 何にも興味が持てない

□ 何をするにもおっくうだ

□ イライラして落ち着きがない

□ 不安だ

□ 焦る

・行動の面

□会社に遅刻することが増えた
□欠勤することが増えた
□会社に行きたくない
□口数が減る
□「自分はダメな人間だ」という否定的な発言が増える
□新聞やテレビを見なくなった
□人との接触を避けるようになった
□楽しみにしていた趣味などに興味を示さなくなった

周りの人ができること

1　病気の理解から始める

家族自身が責任を感じて自分を責めるのは、本人がいちばんつらいことです。

うつ状態とはどういう症状なのかを、まず理解するところから始めます。

2　原因探し・犯人探しをしない

「なぜ、病気になってしまったのか」

「自分たちに何か問題があったのか」

といったように、原因探しをしても、実際にはさまざまな要因が関与していて特定できないものです。

それよりも
「いまできることは何か?」
を考え、やれることから始めます。

3 励まさない

すでにがんばりすぎて心の病になったのですから、励ますと、

「もうこれ以上がんばれない」

「こんなにみんなに気をつかわせて申し訳ない」

「何もできない自分が情けない」

と感じて、症状を悪化させてしまいます。

4 無理に特別なことはしない

周りはつい「食事にでも行こう」とか、「気分転換に飲みに行こう」と提案し

がちです。

本人は心のエネルギーが消耗している状態なので、普段なら楽しめることが楽しめず、むしろ疲労感が増し、悪化させることもあります。

また、こうした気遣いに応えられない自分に嫌悪感を募らせ、自殺のリスクが高まる場合もあります。

5　大きな決断は先延ばしに

「みんなに迷惑をかけている」という強い自責思考から、

「もう退職する」
「離婚する」
「俺は出ていく」
「死にたい」

という言葉を口にする場合があります。

心が病んでいると、心理的な視野狭窄（トンネル・ビジョン）が起き、悲観的な発想しか頭に浮かびません。

その道しか残されてないようにとらえてしまうのです。

そんなときは、その思いを否定せず、

「わかった。いまは健康に留意することを最優先しましょう。その問題は、あとから一緒に考えましょう」

と話します。

6 受診に付き添う

毎回の受診に付き添う必要はありません。

あくまでも付き添いであって、付き添った人がしゃべりすぎてはいけません。

本人が医師と接点を持つ重要な場です。

一緒に医師の話を聞くことで、どんなことに気をつけて本人をサポートしたらいいのかがわかります。

本人が調子を崩して通院できないときでも、代理で受診して相談もできます。

知識で武装するのも逃げる手段のひとつ

肉体的、心理的に負荷の高い業務を過重労働といいます。
過重労働は、脳疾患や心臓疾患、精神疾患の要因となります。
なかでも危険なのは、長時間労働です。
厚生労働省では、次のように警告しています。

1か月当たりの時間外労働が45時間を超えると、健康に害が出始める。
65時間を超えると疾病を発症する。
80時間を超えると過労死する危険もある。

また、過重なノルマや重責の業務、パワハラやセクハラなどのハラスメントは、強い心理的ストレスの要因とされています。

パワハラは、厚生労働省によると、職場における次の３つのパワハラの要素をすべて満たすものとされています。

- 優越的な関係を背景とする言動
- 業務上必要かつ相当な範囲を超えたもの
- 労働者の就業関係が害されるもの

ガイドラインでは、「職務上の地位や人間関係などの職場内の優位性を背景に、業務の適正な範囲を超えて精神的、身体的苦痛を与えることや職場環境を悪化させる行為」と定義しています。

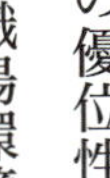

次のような威圧的な態度での発言は、パワハラに該当するとみなされます。

- 声を荒らげる
- 相手をにらむ
- 話しながら物を叩く
- 終業時刻間際に、深夜まで残業しても終わらないであろう量の仕事を押しつける
- 仕事内容をまだ覚えきれていない新入社員に対し、ベテラン社員と同じ内容の仕事を押しつける
- 部下がミスをするたびに大量の反省文を書かせる　……など

このような行為が繰り返されるようであれば、すぐに逃げてください。

厚生労働省の「総合労働相談コーナー」では、あらゆる職場のトラブルに関する相談や、解決のための情報提供をワンストップで行っています。
たとえば解雇や雇い止め、配置転換、賃金の引き下げ、募集・採用、いじめ・嫌がらせ、パワハラなどの労働問題から、性的指向・性自認に関連する労働問題。
労働者からも事業主からも、どちらからの相談でも受けつけ、学生や就活生、外国人労働者などからの多様な言語による相談を専門の相談員が面談もしくは電話で無料で対応してくれます。

うつ病などのメンタルヘルス疾患も、労災認定されます。

労災とは、労働災害で、労働者（従業員、社員、アルバイトなど）が労務に従事したことによって被《こうむ》った負傷、疾病、死亡などです。

労働災害というと、工場で作業中のケガや、建設現場での高所作業中の事故をイメージしますが、「過労死」など職場における過重負荷による脳疾患や心臓疾

患の場合や、「過労自殺」やセクハラ・パワハラなど心理的負荷による精神障害の場合に、労働災害と判断される場合もあります。

労災であっても、会社が労災とは認めずに申請を嫌がるのは、労働基準監督署から労災事故の調査を受けるおそれがあるからです。会社で労災が発生すると、行政指導や行政処分を受けたりする可能性があります。

だから、その前に逃げるのは、会社のためにもなるのです。

終章

今いる自分の場所から逃げずにがんばることも、さっさと逃げてしまうことも、どちらも必要なのは能力ではなく、勇気です。

こうでなければならないという思考の歪みは、ただの思いこみであることがほとんどです。

思いこみから逃げて、自由になりませんか？

私自身、東大の医学部を卒業してから、長く常勤で働いていた病院を辞めるときは、大きな不安がありました。

しかし、このまま一生この場所で働くより、出世街道から下りて、開業医になれば、出世もなければ定年だって関係ありません。

何より自分が目指す医師として自由にやれるのです。

それは「逃げ」に見えたかもしれません。

もし医者でダメなら塾の先生になればいい、と思っていました。


私は長年、日本発祥の心の治療である「森田療法」を学んでいます。

森田療法では、強迫性障害や社会不安障害、パニック障害といった神経症を発症する人に共通する性格として、内向的で過敏、完璧主義、自己内省的といった神経質な性格を持っていることが多いと考えています。

森田療法では心の不安を取り除くのではなく、だれにでもある自然な感情として受け入れるという考え方をしています。

不安というものは「より良く生きたい」「出世をしたい」という生きることへの強い欲望の裏返しです。強い不安の裏には、強い生の欲望があると考えています。

不安と生の欲望は表裏一体であり、そのことを認めながら自分らしくあるがま

まの生き方を実現させていくのが森田療法の考え方です。

森田療法の「あるがまま」の姿勢とは、不安を自然な感情として受け入れ、同時に不安の裏側にある欲求（生の欲望）に従って建設的な行動をする姿勢のことを指します。

神経症の患者さんは、自分の「こうあるべき」という考えと、失敗してはいけないという強い「とらわれ」があります。

そこから脱するために、何にとらわれているかを明確化し、それを許容し、いかに良く生きるかという生きる欲望に従って「あるがまま」の姿勢を目指します。

たとえば、人前で緊張してあがってしまう人は、「人前では緊張してはいけない」という考えにとらわれています。でも、実際には緊張してしまいます。

実現不可能な「とらわれ」を明確にして、コントロールできないものとして認めることが、あるがままの生き方です。

そして、緊張してもいいから、まずやってみるというスタンスで臨むのです。

みなさんにも「逃げることもひとつの選択肢である」ことを受け入れ、あるがままの自然体で幸福な人生を歩んでほしいと願っています。

そして、あなたの周りに「〜べき」「〜でなければならない」という考え方にとらわれて、「自分は生きる価値がない」と絶望的になっている人がいたら、どうか温かく見守ってほしいと思います。

周りの人ができることは、病気を理解し、原因探しをせず、励まさないことです。

励ますと、「もうこれ以上がんばれない」「こんなにみんなに気をつかわせて申し訳ない」「何もできない自分が情けない」と感じ、症状を悪化させます。

もしも、何か言葉をかけたときにあなたを攻撃してきたら、いま心が病んでいるのだからしょうがないとあきらめて、距離を保ってください。
ただし、暴力にまで発展してしまうようであれば、それは問題です。
距離をおいて、逃げてください。

あとがき

本書に最後までおつきあいいただき、ありがとうございました。

多少は、逃げることに対する考え方が変わったり、逃げていいんだと思えるようになったり、なんらかの形で「逃げる勇気」が持てるようになったというのであれば、著者として幸甚この上ありません。

読んでみて、

「自分とは関係ない」

と思われた方もいるかもしれません（そういう方はあまり手に取られないかも

しれませんが)。

でも、何らかの形で、転ばぬ先の杖になるかもしれません。

何が起こるかわからない世の中ですから。

それ以上に、

「そうは言っても、現実はそんなに甘くない。簡単に逃げられる、仕事をほっぽり出せるなら苦労はしないよ」

と感じられた方もいるかもしれません。

そこであえてお伝えしたいのは、逃げることも〝オールオアナッシング〟で考える必要はないということです。

たとえば、介護の場合、施設に介護される側を入居させるという形で、完全に逃げるだけが逃げることではありません。

ヘルパーさんを呼ぶとか、昼間だけはデイサービスで預かってもらうとか、何日間かショートステイに外泊してもらうという形で、短い時間だけでも介護から逃げることができるのです。

そうして、ちょっと〝逃げる経験〟をすることで、このくらいなら逃げても大丈夫という感覚を得ることができれば、親を介護施設に入居してもらうことへのハードルが下がる、つまり本格的な逃げる体験につながることもあるのです。

なかなか逃げる勇気が持てないなら、ためしにちょっとだけ逃げてみてはどうかという提言も、最後にしたいのです。

長期休暇をとれない人が、一日だけ体調が悪いとかそういう理由で休んでみて、休むことへのハードルを下げるという具合です。

試すだけでも勇気のいることかもしれませんが、何事もやってみないと結果はわからないと考えて、試してみましょう。

思ったより嫌われなかったとか、悪く言われなかったという経験をするともっと勇気がつきます。

まさにアドラーのいう「勇気づけ」が得られるのです。


本書でも伝えてきましたが、とにかく生き延びることがいちばん大切なことと考えてほしいのです。

もちろん、逃げることは生き延びるためだけではありません。逃げることで新天地が見つかり、未来への展望が生まれることも珍しくありません。

上手に逃げられる人は、ストレスもためないのです。

少なくとも、逃げるという選択肢を知っただけであなたの人生はきっと変わるはずです。

これは私の信念です。

共有してもらえれば、著者として幸甚この上ありません。

末筆になりますが、私の長年の信念をぶつけるような本書の編集の労を執ってくださった自由国民社編集局長の竹内尚志さん、ライターの脇谷美佳子さんにはこの場を借りて深謝いたします。

二〇二四年六月

和田 秀樹

和田 秀樹（わだ・ひでき）

1960年大阪府生まれ。
東京大学医学部卒。東京大学医学部付属病院精神神経科助手、
米国カール・メニンガー精神医学学校国際フェローを経て、現在は精神科医。
立命館大学生命科学部特任教授、一橋大学経済学部非常勤講師、東京医科歯科大学非常勤講師、
和田秀樹こころと体のクリニック院長、川崎幸病院精神科顧問。

Special Thanks to

企画協力　種田 心吾
編集協力　脇谷 美佳子
イラストレーション　Gecko

逃《に》げる勇気《ゆうき》

二〇二四年（令和六年）九月二十四日　初版第一刷発行
二〇二五年（令和七年）三月十日　初版第五刷発行

著　者　和田 秀樹
発行者　竹内 尚志
発行所　株式会社自由国民社
　　　　東京都豊島区高田三―一〇―一一　〒一七一―〇〇三三
　　　　電話〇三―六二三三―〇七八一（代表）
造　本　ＪＫ
印刷所　株式会社リーブルテック
製本所　新風製本株式会社